Biografía para encontrarme

Mario Benedetti

Biografía para encontrarme

ALFAGUARA

D. R. © Mario Benedetti, 1995
c/o Guillermo Schavelzon & Asoc., Agencia Literaria
www.schavelzon.com
  De esta edición:
  D. R. © Santillana Ediciones Generales, S.A. de C.V., 2011
  Av. Río Mixcoac 274, Col. Acacias
  México, 03240, D.F. Teléfono 5420 7530
  www.alfaguara.com.mx

ISBN: 978-607-11-1136-4

Primera edición: mayo de 2011

Diseño:
Proyecto de Enric Satué

© Cubierta:
Jesús Acevedo

Impreso en México

Biografía para encontrarme

Nota importante

Benedetti, en los dos últimos años de vida, realizó muchas correcciones hasta llegar al original que hoy se publica, reescribió varios poemas, quitó otros y meditó mucho la inclusión de cada uno de ellos. Si bien este manuscrito estaba listo para ser entregado a los editores, Mario no llegó a concretar la rigurosa mirada final que siempre daba a sus textos antes de publicarlos.

FUNDACIÓN MARIO BENEDETTI
Montevideo, julio de 2010

1. Paréntesis

Acompáñenme a entrar en el paréntesis
que alguien abrió cuando parió mi madre
y permanece aún en los otroras
y en los ahoras y en los puede ser
lo llaman vida si no tiene herrumbre
yo manejo el deseo con mis riendas

mientras trato de construir un cielo
en sus nubes los pájaros se esconden
no es posible viajar bajo sus alas
lo mejor es abrir el corazón
y llenar el paréntesis con sueños

los pájaros escapan como amores
y como amores vuelven a encontrarnos
son sencillos como las soledades
y repetidos como los insomnios

busco mis cómplices en la frontera
que media entre tu piel y mi pellejo

me oriento hacia el amor sin heroísmo
sin esperanzas pero con memoria

por ahora el paréntesis prosigue
abierto y taciturno como un túnel

2. El Después

El Después nos espera
con las brasas y los brazos abiertos
ah pero mientras tanto
vemos pasar con su cadencia
la muerte meridiana de los otros
los más queridos y los no queridos

cada paso que damos hace huella
tiene su nube propia / su pregunta
pero además sabe que es imposible
reconciliarnos con la propia sombra

ya no encontramos a los nuestros
en las pálidas imágenes ausentes
no logramos soñar / sólo esperamos
que alguien nos sueñe sin puñales

de todos modos preparamos
la boca por si vuela un beso
y si no vuela siempre queda
uno que emerge del olvido

aunque está hecho de blanduras
el amor es un esqueleto
con vértebras / tuétanos / huesitos
que permanecen mientras el resto
inútil como siempre
se va haciendo ceniza

¿y qué dirá el Después / después de todo?
tengo la impresión de que sus brazos
empiezan a cerrarse
y es ahora mi muerte meridiana
la que en silencio está diciendo ven
pero yo me hago el sordo

3. Corazón de trapo

Quisiera penetrar poquito a poco
en el muro de las incertidumbres
despejar cada enigma de su enigma
cada sospecha de sus amenazas

hay que avanzar buscándonos / buscando
la sola senda inédita / la senda
que también buscan todos los vecinos
con su impaciente corazón de trapo

todo está ahí / quiero decir el mundo
mundo que cabe en un espejo roto

4. Pies de patria

Sarta de pies la patria
que se alzan o avanzan o deslizan
sobre césped o barro o adoquines
digamos multitud discriminada

pasan con la extrañeza en las pupilas
buscándonos aquí / de solo en solo
cada lejos es un pendón de angustia
donde se instala aquello que ignoramos

filósofos y algunos sabihondos
nos dicen en la puerta del oído
que no nos preocupemos / es la vida
sin embargo no late en este cuerpo

sarta de pobres pies que pese a todo
nos van llevando en calles y llanuras
el paisaje mira desde la grava
y no sabe qué hacer con nuestra suerte

sí / la patria está allá como está aquí
allá diseminada en pedacitos
aquí pidiendo que la conservemos
en todos los centímetros que somos

5. Creencias

Las creencias pasan a mi costado
todas enarbolando una promesa
cada una con un poco de sol
y también un silencio como música

este contorno es crudamente estéril
sin bostezos sin ecos sin palabras
pero lleva una alondra que podría
ser o no ser un espíritu santo

sin embargo la veo
demasiado oceánica
demasiado terrestre
demasiado formal

de mi memoria llegan las propuestas
no todas contagiadas por el vértigo
ni buscando afanosas un crepúsculo
ni inventando teorías en hilachas

la compasión esconde sus pudores
nadie sabe de nada / ni de todo
más allá del destino hay una equis
y no hay ecuación que la despeje

las creencias prosiguen su desfile
y no hay devoción a su servicio
quizá por eso quedarán sangrando
en el invernadero de las dudas

6. Resumen

Resumiendo
digamos que oscilamos
entre dicha y desdicha
casi como decir
entre el cielo y la tierra
aunque el cielo de ahora y el de siempre
se ausente sin aviso

las ideas se van volviendo sólidas
sensaciones primarias
palabras todavía en borrador
corazones que laten como máquinas
¿serán nuestros o de otros?
este llanto de invierno no es lo mismo
que el sudor del verano

el dolor es un precio / no sabemos
el costo inalcanzable de la sabiduría

pensamos y pensamos duramente
y una pasión extraña nos invade

cada vez más tenaz
pero más triste

resumiendo
no somos los que somos
ni menos los que fuimos
tenemos un desorden en el alma
pero vale la pena sostenerla
con las manos / los ojos / la memoria

tratemos por lo menos de engañarnos
como si el buen amor
fuera la vida

7. Mentiras piadosas

Vaya uno a imaginar en dónde y cuándo
el tiempo se hará polvo en la espesura

mientras tanto avanzamos y avanzamos
con las manos atadas inexorablemente
en un sueño más o menos terroso

si al fin llega el clásico amanecer
con sus destellos de otras temporadas
y ya sin dudas ni estupores
sabemos que las manos están libres
y los dedos se atreven con la gimnasia sueca

no está mal admitir que palpitamos
y meternos la muerte en el bolsillo

después de todo / sí / después de todo
es la mentira más estimulante
que nos decimos sin proferir hurras

y la felicidad tal vez consista en eso
en creer que creemos lo increíble

8. Libros

Quiero quedarme en medio de los libros
vibrar con Roque Dalton con Vallejo y Quiroga
ser una de sus páginas
la más inolvidable
y desde allí juzgar al pobre mundo

no pretendo que nadie me encuaderne
quiero pensar en rústica
con las pupilas verdes de la memoria franca
en el breviario de la noche en vilo

mi abecedario de los sentimientos
sabe posarse en mis queridos nombres
me siento cómodo entre tantas hojas
con adverbios que son revelaciones
sílabas que me piden un socorro
adjetivos que parecen juguetes

quiero quedarme en medio de los libros
en ellos he aprendido a dar mis pasos

a convivir con mañas y soplidos vitales
a comprender lo que crearon otros
y a ser por fin
este poco que soy

9. Hartura

A veces estoy harto de mi hartura
tal vez porque no puedo emanciparme
de todos los olvidos que regresan
cada uno con su melancolía

los años pesan dentro de los ojos
dentro de los oídos y del tiempo
pesan porque no saben de esta nada
y esperan lo que nadie va a brindarles

la esperanza desnuda es un engaño
hay que vestirla con presentimientos
con el dolor tranquilo de los hombres
y cierta desazón de las muchachas

a veces dejo de pensar / y pienso
casi enseguida porque no soporto
sin previo aviso / repentinamente
quedarme sin palabras y vacío

cuando estoy harto de mi vieja hartura
bostezo a pesar mío como un gato
y entonces / también a pesar mío
me duermo en la frontera del bostezo

10. Madrugada

La madrugada es apta para ver casi todo
lo que es real y lo que uno imagina
por ejemplo me gusta saber que tengo un río
tan real que parece imaginario

siempre hay un más allá que nos espera
en esta madrugada y en la próxima
saber que tengo un río con dos árboles
que me saludan al compás del viento

la madrugada es un amanecer
el alba en que el futuro nos recibe
con lo que merecemos
o quién sabe con qué

es indudablemente una frontera
corona de los pájaros fugaces
que vienen desde ayer
con alas limpias

allí nos alargamos con un poco
todavía de sueño entre las cejas
la madrugada es como un atajo
que nos lleva hasta otra madrugada

¡bienvenidas las luces
salvadas de la sombra!

11. Valores

La valentía no es tan sólo
un ganapán de los intrépidos
también puede esgrimirla un perengano

el valor pasa por el corazón
y éste le contagia desafíos
que asumen el coraje del silencio
en donde por lo menos se respira

no hay que tener vergüenza de la muerte
ya que ella no la tiene de nosotros
los que se fueron volverán / pétalo a pétalo
digamos que en un ramo de cautelas

yo apenas los evoco para no pronunciar
su verdadero nombre
los que fueron y son
mis desaparecidos

12. Tentaciones

En el encéfalo / en el pericardio
y quién sabe en qué otras plataformas
uno mantiene sendas escondidas

detrás de cada azar se oculta un dónde
detrás de cada dónde hay una alarma
pero las señas llaman / nos requieren

si nacimos osados allá vamos
saltando sobre muros y propuestas
rumbos son tentaciones / son hechizos

quizá nacimos para ser tentados
aquel que no se tienta queda inmóvil
encerrado en su poco y sin razones

con el índice flaco recorremos
todo un crisol de probabilidades
que van desde la risa hasta el quebranto

desde el anochecer a la alborada
de la malevolencia hasta el amor
me quedo en el amor
por si las moscas

13. Mis calles

Si voy por avenidas de Madrid
por glorietas de Roma o de Ginebra
por las vías higiénicas de Helsinki
solo o acompañado
por cúmulos de gente
pienso en las calles mías
océano por medio
con árboles estáticos
o tan sobresaltados
que si miran al cielo
les llueven como lágrimas

mi ciudad me hace sitio
me acoge en los zaguanes
y nos reconocemos
este aroma proviene
de las moradas quietas
de las veredas lisas
y de los adoquines

yo transito mis calles
con el pulso jocundo
y el fiel de la memoria
que es todo remembranza

por fin después de tanto
desfilar por el mundo
mis pies se reconcilian
con su Montevideo

14. Los que se fueron

En barcos en aviones los jóvenes emigran
a veces se van solos / prendidos a su alma
le ordenan al olfato que encuentre un paraíso
pero los paraísos no se usan hace tiempo
apenas sobreviven en el teatro

los jóvenes emigran con su olvido
con sus ganas de todo / deshilachadamente

cuando llegan allá todo es asombro
pero tres días después todo es rutina

napolitanos galos helenos o gitanos
suelen hablar distinto pero tienen
los mismos ojos las mismas orejas
hay blancos negros amarillos mulatos
vale decir el mismo vademécum
en diferentes encuadernaciones

los jóvenes emigran pero a veces les viene
un dolor en el pecho que se llama nostalgia
cuando reciben cartas de aquel barrio lejano
tienen listo un secante para chupar las lágrimas

algunos resolvieron quedarse pese a todo
otros dijeron basta para siempre

hay jóvenes que emigran / dicen chau
los que se quedan tiemblan en silencio

15. Cerrar los ojos

Cerremos estos ojos para entrar al misterio
el que acude con gozos y desdichas
así / en esta ceguera provocada
crearemos por fin nuestras propias estrellas
y nuestra linda colección de sueños

el pobre mundo seguirá rodando
lejos de nuestros párpados caídos
habrá hurtos abusos fechorías
o sea el espantoso ritmo de las cosas

allá en la calle seguirán los mismos
escaparates de las tentaciones
ah pero nuestros ojos tapados piensan sienten
lo que no pensaron ni sintieron antes

si pasado mañana los abrimos
el corazón acaso se encabrite
así hasta que los párpados
se nos caigan de nuevo
y volvamos al pacto de lo oscuro

16. Desdichas

La desdicha se vuelve un estilo de vida
si uno se aferra a ella mirándose las manos
mientras el tiempo sigue sigue sigue

no obstante la desdicha no es solamente eso
entre otras cosas porque nos permite
recordar lo mejor del pasado y sus luces

alegría y tristeza se asoman y se miran
conscientes de que son en la mansa leyenda
dos de las viejas maquinarias del mundo

la felicidad pasa como un sueño
con su poco de colmo y disparate
es cuando la desdicha finalmente se arruga
pero no se hagan falsas ilusiones

los árboles sacuden sus ramajes
los pájaros se burlan entre nubes
las hierbas juegan con sus sabandijas
por allá cae un rayo / por aquí sale el sol

y es la imaginación la que abre los brazos
para calmar su ansia de un prolijo infinito

la desdicha se aparta por prudencia
pero no deja de acechar el ruedo

el mundo gira / rota / rueda / vibra
con tristezas y goces en sus rayos

y les vamos a hacer una promesa

cuando pasemos por el Más Allá
traeremos de recuerdo
cuatro o cinco utopías

17. Crepúsculo

Cuando oigo los sonidos del crepúsculo
quedo inmóvil / reflejo de mí mismo
desconocido para los que pasan
y a solas con mi pobre soledad

cortinas hay que suben y que bajan
rasgos a ser mirados y que miran
a lo lejos llamitas que fulguran
y lanzan las preguntas de rigor

con la misericordia no se juega
porque en el corazón es donde nace
y luego / en un milagro con amores
salta de hueco en hueco y no se cansa

sabemos que el crepúsculo es efímero
siempre hay una noche que lo mata
ah pero mientras tanto disfrutemos
del manso resplandor de su agonía

18. Lo nuestro

Avanzamos metidos en lo nuestro
tu secreto que es mío
mi secreto que es tuyo

sin problemas las pasiones se unen
con fuerza interior

todo lo compartimos en el sueño
oscuro con oscuro
cuerpo a cuerpo

a veces son ternuras del espíritu
abrazos con candado

si enfrentamos de apuro al espejo
la sorpresa lo empaña

sus ojos son los nuestros / quién lo duda
mejor dicho una copia clandestina
por eso es tan ajena la mirada

no queremos abandonar lo propio
así que no nos vengan con destellos extraños

avancemos metidos en lo nuestro
tu secreto que es mío
mi secreto que es tuyo

19. Presagios

Los presagios nos cercan / nos oprimen
pueden llegar con vivas o con lágrimas
son quizá las propuestas del futuro
que acuden con su estilo mesurado

en la vejez / que nos agarra exhaustos
se le meten a uno entre las canas
y al recibirlos con melancolía
les hacemos un sitio en la memoria

los presagios inspiran desconfianza
mueven sus pétalos agonizantes
y van de a poco fabricando olvidos
heridas del amor con cicatrices

presagios son augurios / vaticinios
se entienden con el alma y con la lluvia
y suelen trabajar sobre seguro
no hay presagio más fiable que la muerte

20. Mirar el mar

Cuando contemplo el mar desde mi arena
y llegan olas con el infinito
no tengo más remedio que quedarme perplejo

hablo conmigo mismo y con las cosas
me siento mínimo / insignificante
recurro a mi energía y no la encuentro
la habré dejado en casa

en el mar caben todos los enigmas
cuando el viento lo peina
es una maravilla
los pájaros se acercan y lo besan
porque saben que el mar es universo

mirarlo es a veces suficiente
por eso lo contemplo hasta el cansancio
piélago a piélago y acantilados

aquí está el mar / allá está el mar
la historia universal nos lo regala
y yo me ahogo sólo de mirarlo

21. Laberinto

Cuando transcurro por mi laberinto
voy encontrando eneros y setiembres
donde quedaron signos imborrables
de tristes sentimientos y de enconos

no sé dónde termina (si termina)
y mientras tanto el corazón me quema

con las manos callosas y sufridas
reconozco paredes de este tubo
todo se acerca y todo nos elude
¿existirá el amor tan enclaustrado?
¿será ésta la senda del asceta?

cuando transcurro por mi laberinto
estoy más solo que una sabandija

22. Luto

Hace una semana que estoy de luto
se me murió una idea en el papel
estoy buscando una que la sustituya
pero nadie responde / son de otros

mi pobrecita idea / la finada
iba armando una historia de mí mismo
ahora ha quedado en blanco / casi en gris

transito en el olvido / sin perdones
y el olvido también está de luto

23. Coraje y miedo

En el coraje viene casi siempre
una pizca de miedo pudoroso
los párpados se cierran sin motivo
y el reino de la pena nos invade

un puñal nostálgico / invisible
nos va cortando el gozo en rebanadas
y ni siquiera conservamos fuerzas
para estrechar la mano del amigo

quizá somos producto de una herencia
que nos ha trasmitido sobresaltos
uno no sabe nunca si el dolor
acaba de nacer o toma impulso

el pasado es lenguaje de la nada
y en el futuro está el altar del miedo
el coraje es la cara de las cosas
y el miedo es una máquina a turbina

pero donde el valor pasa su prueba
es en el sacrificio del amor
labio con labio / mansa cópula
amamos desde lejos y aquí mismo
regados por la lluvia del invierno
o atravesados por la primavera

coraje y miedo / buena encrucijada
quizá valga la pena despertarnos

24. Ruta

La encontré en mi bolsillo / era una ruta
no sabía hasta dónde me llevaba
pero igual la seguí en un merodeo
con todas mis nostalgias en la mano

era un atlas del alma / la conciencia
de lo que cometí y lo que me espera
en el suelo vi huellas que eran propias
así que era una senda ya corrida

el piélago de antes ya no estaba
todo era más fuerte más seguro
de pronto me encontré con la ribera
de ese río que siempre fue mi anhelo

sólo entonces me aconsejé a mí mismo
en el bolsillo volví a poner la ruta
y allí quedó esperando
otro mañana

25. Todo fascina

No hay un solo destino / en cada vida
se abre a menudo otra trayectoria
que nos hace señales en la noche
cuando no estorba el sol inoportuno

todo fascina / todo nos atrae
son historias con algo de primicias
y en lo desconocido nos seduce
el cargamento de las novedades

cada realidad propone un signo
con una borrachera de confianza
y así nos perfilamos / obedientes
con señas derivadas de otras señas

en este pedacito de pronóstico
somos los extranjeros del espíritu
el lenguaje del viento dice cosas
que ninguno se atreve a traducirnos

pesadillas del aire se entrelazan
preguntamos y nadie nos responde
al parecer un destino es el silencio
y al cabo del silencio está el futuro

26. Mi país

Mi país es un río y es un llano
un manojo de calles y de huertas
rostros que a duras penas tienen alma
corazones que laten como el mío

mi país es paisaje con preguntas
que entran por las ventanas de mi casa
a veces oigo cantos lejanísimos
que por supuesto son de otros países

si mi país me llama yo lo abrazo
juntos desfilaremos con la suerte
reconociendo amores y paisajes
convirtiendo las nadas en un todo

ya sé que la memoria nos espera
con ferias de colores a elegir
los árboles apuntan a lo alto
y en cada hoja llevan un mensaje

pero el país / el mío / sigue dulce
y desde abajo todo lo disfruta
las infancias transcurren y nos miran
y desde la vejez las desciframos

27. Olvidos completos

Ya nunca volverán / son los olvidos
que miran desde lejos / como nubes /
yo quisiera exprimirlos / uno a uno
dejarles la humedad del horizonte
y quitarles las hojitas que el viento
transforma en milagrosas pesadillas

por ahora quedémonos perplejos
y nademos en la enorme laguna
de los gazapos y los extravíos

por ejemplo no sé si en esa época
dónde quedaba el viejo corazón
que sirve para algo y para nunca
probablemente esté en el Más Allá
tratando de entender el Más Acá

los olvidos se juntan y acumulan
recordaciones / dones / añoranzas
que estaban en el pozo de la amnesia

ya nunca volverán / son los desdenes
que miran desde lejos
de infinito a infinito
somos sus prisioneros

28. Droga del amor

La droga del amor
tiene sobre las otras la ventaja
de que con ella es mágico enviciarse
además en su rumbo
todo a todo se acerca
los ojos a los ojos
las manos a las manos
el tiempo de vivir
a la supuesta vida
una hoguera se enciende
sin pasarnos aviso

en los primeros besos no se piensa
como serán allá los besos últimos
los sentimientos lo dominan todo
o nos hacen creer que lo dominan

la droga del amor se evade y vuelve
y una vez que nos cerca es más difícil
quedarnos sin la droga del amor

si ésta concurre con el desconsuelo
vale la pena armarnos de bastiones
porque con la tristeza no se juega

29. Resaca

Todavía no sé
hablar conmigo mismo
andar por mis arrugas
encontrar mi resaca

sin embargo me siento
de un semestre a esta parte
tenuemente mejor
por fin sin anestesia
sin ganas de llorar
enfrentando descubriendo
de vergüenza en vergüenza

un 14 me trajo
hecho ya niño imberbe
y todo fue pasando
como sangre en mis venas
instante tras instante / año tras año
melancolía tras melancolía

cada uno con su resaca propia
y yo sabiendo ignorando esperando
que el mundo algún día me encuentre
como se encuentra un árbol o un camino

en mí va anocheciendo lentamente
ya tan sólo distingo
pedacitos de luna
que más remedio
tendré que aprender
a recordarme a tientas
a lo mejor entonces
encuentro mi resaca
y por fin la descifro

30. La guitarra

A mi hermano Raúl

La guitarra llegó como un consuelo
algo distinto a una carta de amor
a un himno de patria
a una invención gratuita
a un estudio imborrable
a un corazón que late

la guitarra llegó como un consuelo
está en ti
está en ella
porque el mundo es el candor
de la guitarra

31. Placeres y pesares

Entre nuestro comienzo y nuestro fin
cuántos sentimientos dilapidamos
algunos se esconden en el olvido
como si no supieran
que el olvido no olvida
que vuelven despacito por la sangre
dejándonos placeres y pesares
de todos los colores y sabores

ahí están los relojes / impertérritos
moviendo las agujas del olvido
y nosotros mirando / tan mortales
como los pajaritos y las rosas

el olvido está ahí
no lo olvidemos

32. Pensarnos

Yo quisiera pensarme lentamente
recorrer el dolor de mis ayeres
saberme sin perdones / verdadero
buscándole sentido a los silencios
y batallando desde el corazón

ahí está el muro de los sentimientos
ofreciéndote sus dos o tres bisagras
lo que cabe de tu alma en los posibles

no dejes de pensarte lentamente
mientras el mundo carga con su olvido
y tú te asombras de tu viejo asombro

estás estamos / juntos o alejados
dejándonos juzgar por algún otro
otro que no nos ama ni nos odia
dejémoslo pasar / ajeno y raudo
y quedémonos junto a nuestra suerte
batallando desde el corazón

33. Añoranzas

Es incómodo sentirse vacío
después de haber gozado
de algunas plenitudes
la pobre vida pasa a ser un hueco
y uno tiende a esconderse en un rincón

el mar se queda allá
lejano y cierto
y yo me quedo aquí
todo añoranzas

y si nos resignamos
a ser dueños de estos huesos
será porque es muy poco
lo que tenemos
y ese poco es un ramo
de imposibles

34. Algo de secreto

Vaya a saber dónde habré guardado
mi locura más vieja y sin embargo
más querida más dulce más entera
hay algo de secreto en la memoria
que sólo pasa por los sentimientos
y allí deja ansiedades
y recoge tristezas

me parece que no estamos pasando
una temporada comunicativa
allá lejos más lejos más remoto
dicen los profetas que hay un universo

nadie nos tira un dato de esa incógnita
y el universo pasa a ser entonces
el signo de la nada

35. A pesar mío

Estoy seguro de que el tiempo se termina
que todo ocurre pisando la condena
y sin embargo la vida desgarrada
llega con su dolor al horizonte

la poesía busca la palabra clave
que le permita prolongar el sueño
y creer lo soñado como único

la condena se esconde en los rincones
y ni el alma consigue descubrirla

las campanas no saben a quién buscan
con cualquier pretexto que me llamen
yo quiero engañarme a pesar mío

36. Rostros

De todos los rostros que nos prestaron
¿cuál será el rostro verdadero?
¿ese arrasado que nos trajo el viento
y nos pregunta si le preguntamos?

en uno de ellos está el destino
con sus propuestas imaginarias
allí tenemos para elegir
rigor o desesperación
consuelo o antesala
de la vejez obligatoria

nos queda la intemperie
para sentirnos desolados
y ser nosotros ser nosotros
con nuestro rostro verdadero

37. Suicidio

El suicidio andaba buscando sienes
que lo abrigaran en su disparo
y terminamos de convencerlo
de las ventajas de la muerte

aquí y allá esperaban almohadones
seductores para dejar el cuerpo
y acomodar los huesos y las nalgas
en un modesto apocalipsis

el suicidio buscaba con paciencia
la adecuación de su crepúsculo
a su ansiedad bien aprendida

todo cambió cuando de pronto
una muchacha abrió sus ojos
lo contempló con desparpajo
y ya el crepúsculo fue aurora

38. Existir

A veces me doy cuenta de que existo
los síntomas son claros / gozo o peno
el firmamento pasa tan compacto
y lo percibo siempre diferente

aporto mis preguntas sin respuesta
y me lleno de dudas siempre vivas
mientras dude yo sé que estoy viviendo
con paciencia y a veces con penuria

algo se mueve en mis creencias
en mis amores y en mis odios
mis manos ya no pueden estar quietas
intentan apresar todo el misterio

pero el misterio es también olvido
todo pasa en la noche todo pasa
pero yo sé que existo
por ahora

39. Perdones

La historia viene con perdones
nadie imagina dónde los consigue
sin perdones / sin mínimos perdones
los sentimientos se cancelarían
y ya no serían el baño lustral
que nos reconforta en las catástrofes

hay perdones que circulan vacíos
en busca de las culpas que están vacantes
yo ya no sé si quedarme sin culpas
o quedarme con los viejos perdones
esos que pasan lejos del abismo
porque ese riesgo es para los culpables

hay clemencias que son concebidas
en un destello o en un azar
pero siempre tienen que ver
con lo que pasa dentro nuestro
sólo me queda pedir perdón
por esta pesadilla de perdones

40. Gloria

La gloria es el engaño más querido
nos habla en el silencio y en el grito
y la escuchamos llenos de esperanza
estamos libres pero sin buscarlo
creemos que está cerca lo lejano
y todo es clave nunca descifrada

la gloria abre sus alas bienvenidas
como siempre o como casi nunca
nos envuelve en su asomo de misterio
y todo pasa y todo queda y todo
pide reclama acusa disimula
se desconcierta bah nos desconoce

quedamos sueltos con la poca lumbre
que los fragmentos de esa niebla expande
la gloria engaña pero es un engaño
con el que terminamos abrazados

41. Siempre

Si crédulos decimos hasta siempre
tal vez pensamos que ese siempre sigue
y sin embargo no va a ser eterno
por algo va con uno o dos candados
quizá para cerrarlos de sorpresa
en el momento menos previsible
nada ni nadie son eternos / pasan
arrimando promesas que no cumplen
y los crédulos cazan en el aire
siempre más siempre se diluye y borra
queda nunca más nunca y ya no sirve

42. Catástrofe

Yo guardo mis catástrofes con mimo
con ellas aprendí más que en mis éxitos
el dolor deja cicatrices sanas
y nos da clases sobre lo prohibido
lo que duele un desastre no se olvida
la memoria lo guarda bajo llave
a veces tantas veces cada tanto
las catástrofes son revelaciones
uno se enfrenta a lo que no sabía
de sí mismo y es una sorpresa
las cicatrices son como dibujos
que describen un poco nuestra vida
son un secreto que no se revela
porque el dolor esconde su tristeza

43. Socorro

Socorro es un llamado que no quiero
¿no es acaso la voz de los últimos tramos?
mejor oírla lejos
como eco sin imán
como foco sin sombra

socorro tiene algo de desesperación
de desconsuelo
y eso no le hace bien
al corazón metido en su esperanza

cuando llegue el momento
de desprendernos de la dulce vida
no digamos socorro
miremos el ocaso
como un triste paisaje
y admiremos la luna
que parece esperarnos

no digamos socorro
dejémosle allá lejos
como eco sin imán
como foco sin sombra

44. Cuando la poesía

Cuando la poesía abre sus puertas
uno siente que el tiempo nos abraza
una verdad gratuita y novedosa
renueva nuestro manso alrededor

cuando la poesía abre sus puertas
todo cambia y cambiamos con el cambio
todos traemos desde nuestra infancia
uno o dos versos que son como un lema
y los guardamos en nuestra memoria
como una reserva que nos hace bien

cuando la poesía abre sus puertas
es como si cambiáramos de mundo

45. Pasado y hoy

Si retrocedo en mi modesta historia
encuentro amores piedras y manías
que comparecen o desaparecen
en los capítulos del retroceso
pueden ser un hallazgo o una pérdida
una revelación o un desamparo
todo pasado se parece al hoy
y nos espía en huecos del presente
como los ayeres y los anteayeres
ocurre que se esfuman sin aviso
por eso mi pasado tiene zonas
que son vacíos sin promesa alguna

46. No estoy

No estoy por favor digan que no estoy
por una vez en tres semanas
quiero meterme en mis paredes
solo y al aire / sin pedidos
sin exigencias de ocasión

por favor digan que no estoy
y que no estaré mañana
quiero llegar a la soledad
y quedarme en ella por un tiempo
yo y mi conciencia / desprovistos
de los escrúpulos del mundo
y a lo mejor volver un día
que no figura en mi almanaque

47. Preámbulo

Yo sé que estoy en un preámbulo
pero no sé qué significa
en el después está el secreto
y allí está escrito a dónde voy

hay dos futuros tres futuros
todos me llaman me reclaman
quieren saber por qué estoy triste
y yo también quiero saberlo

cada futuro tiene trozos
que son pedazos de pasado
ritos que hablan mi lenguaje
y allí me entiendo allí me ignoro
allí soy prólogo y epílogo

por fin y al fin todo preámbulo
pasa a ser público y notorio
en su obligada continuación

allí se cruzan los secretos
con las modestas revelaciones
y los preámbulos vuelven al aire
que ha sido siempre
su guarida

48. Perplejidades

Hoy he archivado mis perplejidades
y en consecuencia me quedé perplejo
el tiempo vino pero fue dejando
una manada de remordimientos
todo se enciende y luego se apaga
y yo me quedo a descifrar mi ausencia
allí hay afectos y también rencores
después de todo soy un despilfarro
de lo que puedo y de lo que no puedo
y voy quedando flaco de esperanzas
madrugadas sin luz / tierra sin besos
la buena suerte se murió de pena
y yo mirando el cielo que no hay
los cataclismos no curan de nada
y la paz mansa nos sirve de poco
hasta el llanto se seca bajo párpados
y aprendemos de nuevo a vernos tristes
quiero recuperar mi yo perplejo
junto con mis mejores estupores

49. Como un toldo

Hoy el cielo está opaco como un toldo
sus nubes acaso se amontonan
y cargan sus resabios de otro cielo

a veces no es posible
comprenderse a sí mismo
si la conciencia calla empecinada
sin esa voz experta que traduce
no seremos capaces de sabernos

no sólo el cielo aletargado y hosco
también el tiempo tiende a oscurecerse
con esas mismas nubes u otras nubes
que nadie sabe de dónde habrán salido

vivir es transitar la oscuridad
con ojos que se cierran o se abren
lo oscuro por las dudas nos abraza
y se convierte en nuestro nuevo hogar

50. Escándalo

Los escándalos más peligrosos
son aquellos que no hacen ruido
los que usan silencios estridentes
que nos parten el alma

dentro de ese tumulto surgen voces
cuyo anhelo confeso es ser estruendo
pero el silencio pasa sobre ellos
como un vuelo de pájaros de antaño

los escándalos suelen ser más riesgosos
cuando se apoderan del corazón
sólo entonces éste vibra indefenso
y late como nadie como nunca

no hay escándalo más dulce
que mirar hacia adentro
miremos pues

51. Miradas

Las miradas van y vienen / se cruzan
cobran brillo se animan se hacen fuertes
el aire es una bolsa de miradas
y a veces la memoria las ordena

como existen de siempre y hasta nunca
son el sentido invicto de los siglos
y miran y se miran y nos miran
no obstante no perdemos el coraje

y arremetemos sin pensarlo mucho
contra el telón de dudas
y allí quedamos calmos pero vivos
cubiertos por un manto de pupilas

52. Desesperación

La desesperación / queja tan débil
que nos hace temblar a pesar nuestro
es a menudo un rasgo de tristeza
en el que a lo mejor nos encontramos
como el que fuimos en algún rencor
o en algún gozo inesperado y franco

me desespero cuando no consigo
descubrir la raíz de mis rechazos
cuando el ánimo es una balanza
que no sabe cuál es el equilibrio

la desesperación es como un puente
que va uniendo el ayer con el mañana
todo se extiende / los desesperados
sufren lloran se engañan se estremecen

los hombres vencen los anuncios del tiempo
el entrevero al fin se tranquiliza
la desesperación / queja tan débil
ya nos hace temblar a pesar nuestro

53. Un río

En nuestro interior siempre corre un río
y correrá mientras vivamos
siento la corriente deslumbrada
por el desdén de unos
y el abrazo de otros
un río que corre aprendiendo paisajes
midiendo sus orillas
y acariciando cielos
las conjeturas van ingresando en el olvido
y uno se queda a solas
con el tiempo de espaldas
y la lluvia de frente

la sorpresa sirve de muy poco
a lo sumo nos pone interrogantes
para las que nadie encontró respuestas

el río corre en la tranquila espera
de que la buena lluvia lo haga más ancho
o la franca creciente lo desborde
o el clásico maremoto lo agigante

el río es grande es chico es loco
como enorme cinturón de la tierra
conoce casi todos sus secretos
esas ráfagas lo ven pasar y piensan
con qué orillas se habrá encontrado
con qué lujo de aguas
con qué rocas
este río habla un lenguaje tan propio
que sólo ha de entenderse en otro río

54. Entre dos vacíos

Si uno piensa en la nada que lo precedió
no puede evitar un desasosiego
que nos va cortando tajadas de vida

no es fácil concebir dónde estarán
los insomnios los lamentos los goces
todo eso que estuvo en nuestras manos
y que creímos era para siempre

al fin comprendimos que la eternidad
era una rendija entre dos fines
todo se va pero no siempre vuelve
abracemos eso que tuvimos
y que acaso tenemos todavía

miro hacia atrás y poco veo
miro hacia delante y es la niebla
admito que estoy entre dos vacíos
con prudencia marco bien las huellas

por donde regresaré con mi nostalgia
pondré atención porque el paisaje es mío
y yo quiero viajar con mi paisaje

55. Aprendiendo a aprender

Todo está libre y no me importa
el tiempo juega con mi libertad
y la libertad juega conmigo
estoy abierto a las promesas
que siempre parten de una búsqueda
yo las escojo y las protejo
porque son débiles / no saben
que mansos rastros quedan de sus pasos
aptas son para ir para volver
yo avanzo igual
con proyectos con ansias sin rencores
y miro como pasan los que pueden
aprendiendo a aprender
que no es en balde

56. Peldaños

Trampas a las que nos somete el tiempo
y concurrimos con toda inocencia
porque creemos todavía creemos
seguir creyendo es de buen oficio
nos trae alivio / un poco de esperanza
y mirar otra vez hacia delante
no está mal engañarnos a conciencia
siempre habrá tiempo para el desengaño
y aprender hoy como aprendimos antes
a sufrir a gozar a despedirnos
una cosa es que nos engañen
y otra distinta que nos engañemos
la memoria es un lago de recuerdos
que a veces nos asedia nos inunda
flotan allí pedacitos de suerte
que nos miran se asombran nos vigilan
siempre vamos en busca del engaño
en el que vale la pena mentir
nos metemos a fondo en la memoria
nos hundimos en ella / bien al fondo

pero algo nos obliga a detenernos
en el último peldaño que es la muerte

57. Merecer la calma

La noche de los sueños no es la misma
que la otra de los arrabales
los sueños tienen fin en apariencia
pero en realidad no se terminan
viajan como nubes o pájaros o cielos
los sueños hacen suya la apariencia
y así se reconocen como pueden
van dejando una estela de posibles
todas son pistas señales rumbos
por todas pueden aproximarse a algo
y descansar del mundo escandaloso
nada mejor que merecer la calma
meterse en el encanto de lo oculto
mejor aún en huecos de uno mismo
para buscar allí lo que era nuestro

58. Solo en el universo

Quiero encerrarme en mi insignificancia
en la cueva de mi único ser
yo minúsculo el breve
solo en el universo
rodeado del todo o de la nada
sin saberme si soy o como soy
ese todo virtual que me rodea
no es de nadie ni nadie lo reclama
soy un presagio tan pequeño
que yo mismo me asusto me doy miedo
soy un caminante de pies cansados
y sin embargo sigo caminando
voy recogiendo el sabor del paisaje
que siempre es novedad y lo disfruto
vivo en la cárcel de mi ruta
que es ruta mientras vivo
y vivo sin hacerme más preguntas
que las que están en mi garganta
puedo encenderme y no me enciendo
las palabras tienen su llama propia

que se consumen en su fuego triste
yo me siento querido cuando quiero
el afecto es pasaje de ida y vuelta
si uno quiere o reclama ser querido
el solo hecho de encontrar el día
nos hace abrir los brazos
desprejuiciadamente

59. Huellas

Con los pies voy pisando mis huellas
y ellas cuentan sus últimos secretos
yo los guardo en el filo del milagro
y empiezo a recordar

la verdad es que ya no puedo
conmigo mismo
siempre he aspirado
a mirarme de lejos
y sin embargo
cada lejos
se va aproximando
hasta ser un todo alrededor

mis huellas
hablan en silencio
sólo yo las entiendo
y me conformo con ese hermetismo
donde cabe media vida

60. Palabra

Sola
descolgada
no se sabe de dónde
la palabra
dueña de su soledad
sola con sus siete letras

me gustaría ser palabra
solamente palabra
palabra rodeada de mundos
que a su vez ignoren
que son mundos

también
me gustaría ser mundo
pero sobre todo querría
ser palabra
una sola
que por sí sea un mundo
sola conmigo

sin nostalgia ni horizonte
o sin ayer ni mañana

el problema es que cuando está sola
sola
es también una palabra
y en ella estoy de nuevo
solo

61. Estaba allí

... y estaba allí
yo no sabía
surgió de pronto
como una ráfaga
sin dueño
porque era ajena
y era mía
lo irrefutable
es que es de ambos
no sé si para siempre
o para nunca
lo curioso es que cuando
me miro en sus ojos
es como si me enfrentara
con mi alma

62. Quién

Quién vendrá conmigo
en la noche y en el disparate
quién se habituará
a la sencillez de mi secreto
todos estamos somos
vamos creciendo
en nuestra pequeñez
cada sentimiento apenas
es una burla del tiempo
porque en el fondo
es sólo una mentira
aproximadamente deliciosa
quiero creer pero no puedo
es imposible sumergirme
en un mar sin orillas
cada destino me desmiente
y nunca más volveré
a ser uno

Índice

1. Paréntesis   11
2. El Después   13
3. Corazón de trapo   15
4. Pies de patria   16
5. Creencias   18
6. Resumen   20
7. Mentiras piadosas   22
8. Libros   23
9. Hartura   25
10. Madrugada   27
11. Valores   29
12. Tentaciones   30
13. Mis calles   32
14. Los que se fueron   34
15. Cerrar los ojos   36
16. Desdichas   37
17. Crepúsculo   39
18. Lo nuestro   40
19. Presagios   42
20. Mirar el mar   43

21. Laberinto 45
22. Luto 46
23. Coraje y miedo 47
24. Ruta 49
25. Todo fascina 50
26. Mi país 52
27. Olvidos completos 54
28. Droga del amor 56
29. Resaca 58
30. La guitarra 60
31. Placeres y pesares 61
32. Pensarnos 62
33. Añoranzas 63
34. Algo de secreto 64
35. A pesar mío 65
36. Rostros 66
37. Suicidio 67
38. Existir 68
39. Perdones 69
40. Gloria 70
41. Siempre 71
42. Catástrofe 72
43. Socorro 73
44. Cuando la poesía 75
45. Pasado y hoy 76
46. No estoy 77
47. Preámbulo 78
48. Perplejidades 80
49. Como un toldo 81
50. Escándalo 82

51. Miradas 83

52. Desesperación 84

53. Un río 85

54. Entre dos vacíos 87

55. Aprendiendo a aprender 89

56. Peldaños 90

57. Merecer la calma 92

58. Solo en el universo 93

59. Huellas 95

60. Palabra 96

61. Estaba allí 98

62. Quién 99

EL AMOR,
LAS MUJERES
Y LA VIDA
Mario Benedetti

«El amor es uno de los elementos emblemáticos
de la vida. Breve o extendido, espontáneo
o minuciosamente construido, es de cualquier manera
un apogeo en las relaciones humanas.»

MARIO BENEDETTI

Este libro reúne los mejores poemas de amor escritos por Mario
Benedetti, uno de los poetas más innovadores, divertidos,
ambiciosos y modernos de la literatura en español.

El amor, las mujeres y la vida recoge una selección de poemas
aclamados por varias generaciones, aquellos en los que Benedetti
vuelca su concepción de la vida: el amor como compensación
de la muerte se levanta en sus versos lleno de fe, como fuerza
principal que mueve al ser humano, como una proclama de la
existencia, que va de la erótica del amante hasta la esperanza
del revolucionario o la gratitud del amigo.

La edición contiene un CD en el que la propia voz del autor da
un tono y una significación a los poemas que nadie más podría
darles y en el que muestra con viveza que el amor es una fuerza
vertebral en su poesía.

VIVIR ADREDE
Mario Benedetti

«Todo es adrede, todo hace trizas el alma.»

¿Nos traicionan nuestras propias huellas? ¿Qué diferencia
hay entre un suicida inevitable y uno vocacional? A través
de planteamientos como éstos, *Vivir adrede* reflexiona sobre
la vida. La vida de los que aman y los que matan; de los que
creen en Dios o le dicen «adiós»; de los que abrazan y de
los que oprimen; del condenado a muerte y de aquellos
cuya existencia es la condena. Y lo hace con la profundidad
que sólo pueden lograr las palabras más sencillas.

Vivir adrede es un gran descubrimiento para los lectores de
Benedetti y para aquellos que quieran conocer la obra del gran
autor uruguayo. Una lectura que cautiva, entretiene y sorprende
palabra a palabra.

Alfaguara es un sello editorial del Grupo Santillana

www.alfaguara.com

Argentina
www.alfaguara.com/ar
Av. Leandro N. Alem, 720
C 1001 AAP Buenos Aires
Tel. (54 11) 41 19 50 00
Fax (54 11) 41 19 50 21

Bolivia
www.alfaguara.com/bo
Calacoto, calle 13 n° 8078
La Paz
Tel. (591 2) 279 22 78
Fax (591 2) 277 10 56

Chile
www.alfaguara.com/cl
Dr. Aníbal Ariztía, 1444
Providencia
Santiago de Chile
Tel. (56 2) 384 30 00
Fax (56 2) 384 30 60

Colombia
www.alfaguara.com/co
Calle 80, n° 9 - 69
Bogotá
Tel. y fax (57 1) 639 60 00

Costa Rica
www.alfaguara.com/cas
La Uruca
Del Edificio de Aviación Civil 200 metros
Oeste
San José de Costa Rica
Tel. (506) 22 20 42 42 y 25 20 05 05
Fax (506) 22 20 13 20

Ecuador
www.alfaguara.com/ec
Avda. Eloy Alfaro, N 33-347 y Avda. 6 de
Diciembre
Quito
Tel. (593 2) 244 66 56
Fax (593 2) 244 87 91

El Salvador
www.alfaguara.com/can
Siemens, 51
Zona Industrial Santa Elena
Antiguo Cuscatlán - La Libertad
Tel. (503) 2 505 89 y 2 289 89 20
Fax (503) 2 278 60 66

España
www.alfaguara.com/es
Torrelaguna, 60
28043 Madrid
Tel. (34 91) 744 90 60
Fax (34 91) 744 92 24

Estados Unidos
www.alfaguara.com/us
2023 N.W. 84th Avenue
Miami, FL 33122
Tel. (1 305) 591 95 22 y 591 22 32
Fax (1 305) 591 91 45

Guatemala
www.alfaguara.com/can
7ª Avda. 11-11
Zona n° 9
Guatemala CA
Tel. (502) 24 29 43 00
Fax (502) 24 29 43 03

Honduras
www.alfaguara.com/can
Colonia Tepeyac Contigua a Banco
Cuscatlán
Frente Iglesia Adventista del Séptimo Día,
Casa 1626
Boulevard Juan Pablo Segundo
Tegucigalpa, M. D. C.
Tel. (504) 239 98 84

México
www.alfaguara.com/mx
Avda. Río Mixcoac 274,
Colonia Acacias, C.P. 03240
Benito Juárez, México, D.F.
Tel. (52 5) 554 20 75 30
Fax (52 5) 556 01 10 67

Panamá
www.alfaguara.com/cas
Vía Transísmica, Urb. Industrial Orillac,
Calle segunda, local 9
Ciudad de Panamá
Tel. (507) 261 29 95

Paraguay
www.alfaguara.com/py
Avda. Venezuela, 276,
entre Mariscal López y España
Asunción
Tel./fax (595 21) 213 294 y 214 983

Perú
www.alfaguara.com/pe
Avda. Primavera 2160
Santiago de Surco
Lima 33
Tel. (51 1) 313 40 00
Fax (51 1) 313 40 01

Puerto Rico
www.alfaguara.com/mx
Avda. Roosevelt, 1506
Guaynabo 00968
Tel. (1 787) 781 98 00
Fax (1 787) 783 12 62

República Dominicana
www.alfaguara.com/do
Juan Sánchez Ramírez, 9
Gazcue
Santo Domingo R.D.
Tel. (1809) 682 13 82
Fax (1809) 689 10 22

Uruguay
www.alfaguara.com/uy
Juan Manuel Blanes 1132
11200 Montevideo
Tel. (598 2) 410 73 42
Fax (598 2) 410 86 83

Venezuela
www.alfaguara.com/ve
Avda. Rómulo Gallegos
Edificio Zulia, 1°
Boleita Norte
Caracas
Tel. (58 212) 235 30 33
Fax (58 212) 239 10 51

Este ejemplar se terminó de imprimir en el mes Mayo de 2011,
En Impresiones en Offset Max, S.A. de C.V.
Catarroja 443 Int. 9 Col. Ma. Esther Zuno de Echeverría
Iztapalapa, C.P. 09860, México, D.F.